AF330461

# DU
# COMITÉ CENTRAL

ET DES

## MODIFICATIONS

Qu'il est indispensable d'apporter à sa Constitution
pour la mettre en harmonie
avec les Lois nouvelles et les Décisions des Tribunaux
et pour en faire
la représentation équitable des intérêts démocratiques.

---

LA CIOTAT

IMPRIMERIE ET LITHOGRAPHIE J. ISNARD
18, rue Compas, 18.

—

1876

LA CIOTAT, IMP. J. ISNARD, RUE COMPAS, 18.

# DU COMITÉ CENTRAL

## ET DES

## MODIFICATIONS QU'IL EST INDISPENSABLE

### d'apporter à sa Constitution

*Pour la mettre en harmonie avec les lois nouvelles et les décisions des tribunaux, et pour en faire la Représentation équitable des intérêts démocratiques.*

———

L'heure de la dissolution vient enfin de sonner.

Mais la majorité de combat qui, pendant cinq ans, a disposé des destinées de la France, n'a consenti à disparaitre que parce qu'elle a déposé dans les lois constitutionnelles les germes de sa nouvelle incarnation, que parce qu'elle espère recevoir une seconde vie des délégations communales et du vote par arrondissement.

Mais ce qui a surtout calmé les craintes et surexcité les espérances de nos députés monarchistes c'est que M. Buffet leur a donné un espoir qui les a comblés de joie. *Il a promis « de protéger les électeurs contre la tyrannie des comités. »*

Ils ont compris que M. Buffet prenait l'engagement de délivrer la majorité de l'Assemblée d'un objet qui est pour elle une terreur et une préoccupation constante, de ces terribles comités républicains qui ont triomphé si souvent sous l'empire et presque toujours depuis 1871 de tous les obstacles qui leur ont été opposés, qui, par

leur seule force morale puisée dans la confiance des électeurs, l'ont emporté sur toutes les forces de l'église, de
la commune et de l'Etat réunies pour leur faire obstacle.

*
* *

Malheureusement pour nos adversaires, M. Buffet
leur a promis plus qu'il ne pouvait tenir, ou, du moins,
ils ont prêté à ses paroles une signification qu'elles ne
sauraient avoir. Il existe des lois ; personne au monde
ne peut empêcher les citoyens de se servir des droits
qu'elles leur donnent, et nos adversaires peuvent
être assurés que, malgré toutes les distinctions byzan-
tines, malgré toutes les subtilités casuitiques nous sau-
rons faire usage de toute notre liberté sous la protection
de la loi.

Ne nous laissons donc pas arrêter par de vaines me-
naces, souvenons-nous que nous avons bravé l'empire
et vaincu toutes ses audaces. Travaillons seulement et
promptement à corriger ce qu'il y avait de défectueux
dans l'organisation du Comité Central et tâchons surtout d'être prêts et unis le jour de la lutte.

Nous avions créé à force de conciliation et de patience
une manière de procéder aux élections. Après avoir
fonctionné publiquement et librement pendant quatre
ans, cette organisation a été frappée par les tribunaux.
Les membres qui avaient pris part à son fonctionne-
ment ont été condamnés à l'amende et à la prison.

La justice a puisé ses motifs en de certaines pratiques
qui, suivant elle, transformaient le *Comité Central* en
association politique permanente non autorisée.

On a indiqué comme la principale de ces pratiques la
nomination du Comité de liquidation des comptes ter-
minant nécessairement sa tâche après la clôture de la
période électorale. On a vu là une délégation destinée à

prolonger, sous un déguisement transparent, l'action du Comité Central, jusqu'à l'appel suivant fait au suffrage universel.

Ces décisions des tribunaux nous obligent à rechercher un nouveau procédé d'entente électorale entre les républicains et d'en bannir avec le plus grand soin tout ce qui a paru condamnable dans l'organisation du Comité Central. La justice a prononcé. Nous devons nous incliner sans chercher à éluder ses arrêts. La loi a été bien dure pour nous, mais c'est la loi, ou ce qui revient au même, la jurisprudence en vigueur.

Le procédé nouveau doit non seulement ne renfermer aucune des conditions qui ont été frappées, mais encore il doit autant que possible s'éloigner du passé, pour qu'il ne puisse pas être considéré comme sa continuation et poursuivi comme tel.

Quel doit être ce procédé ? C'est la une question fort délicate qui voudrait être débattue dans des réunions ou chacun apporterait le concours de ses lumières. Mais la loi ne nous donne pas la faculté de nous concerter par la parole ; bien plus, l'état de siége nous a enlevé tous nos journaux ; nous avons pensé cependant qu'il était d'une importance extrême de ne pas laisser arriver la période électorale sans que la démocratie eut pris une décision éclairée et nous venons en conséquence, en publiant nos idées sur la marche à suivre pour les élections prochaines, provoquer des critiques, des contradictions, mettre en un mot la question à l'ordre du jour de la démocratie, afin que, lorsque la période électorale sera venue, les esprits étant fixés, l'action commune puisse s'exercer utilement et sans retard.

*<br>* *

Le Comité Central départemental était composé des

délégués des Comités Cantonaux et des délégués des Comités des Sections de Marseille.

Ces délégations n'ont pas été toujours données d'une manière exempte de reproches, elles ont soulevé bien des réclamations. Cela tenait à ce que les délégués représentaient plutôt des localités que des électeurs.

En effet, un grand nombre recevaient leurs mandats d'un très petit nombre d'électeurs et arrivaient au Comité avec des droits égaux à d'autres délégués qui avaient été nommés par une réunion de citoyens dix fois plus nombreuse.

Cela offrait un danger évident ; ces Comités restreints étaient une proie facile offerte à des entreprises de toute nature, qui devaient faire dévier le Comité Central de la ligue démocratique au profit de personnalités ambitieuses et qui, en fin de compte, ont réussi à faire échouer ses membres sur les bancs de la police correctionnelle. Tant il est vrai que toutes les fois que les Républicains perdent de vue leurs principes, en ne mettant pas leurs institutions rigoureusement en harmonie avec eux, il ne leur revient que des déboires.

Le Comité Central constitué en Assemblée territoriale était véritablement une conception à base monarchique, destinée à entretenir l'esprit de clocher, à représenter des intérêts, à permettre le triomphe des convoitises particulières qui produisaient leurs prétentions injustifiées sous le masque de l'autonomie.

L'abandon de la loi du nombre, la violation du principe Républicain de l'égalité politique de tous les citoyens amena naturellement des conséquences antidémocratiques, la création de priviléges en faveur de certaines localités dont la population en majorité réactionnaire ne donnait aux candidats républicains qu'un très petit nombre de voix. Pour les cantons, Aubagne était en parité avec La Ciotat. Dans la ville un Comité de section composé de 10 personnes était l'égal d'un Comité de 100. Des citoyens avaient une valeur dix fois plus grande que d'autres.

Une aussi mauvaise combinaison, d'année en année, a produit les résultats qui devaient fatalement survenir. Des républicains sincères, dégoutés, s'écartèrent tous les jours en plus grand nombre du Comité Central ; d'autres exploitant ce prétexte établirent des scissions au profit de leurs ambitions et ramenèrent d'une manière menaçante pour l'avenir de la démocratie les divisions que le Comité Central avait fait cesser d'une manière aussi complète qu'heureuse.

Dans ces conjonctures il y avait à craindre que les électeurs républicains sollicités de divers côtés, ne sachant a qui faire foi. ayant des reproches graves a adresser à tous, n'en vinssent à se diviser ou ne finissent par se laisser aller au découragement et par chercher un refuge dans l'abstention. C'était, dans l'un et l'autre cas, amener le triomphe des monarchistes coalisés.

Cette situation déjà si redoutable s'est encore considérablement empirée depuis le vote des lois du 25 février. Aux motifs anciens de division il s'en est ajouté un nouveau. La conduite suivie par les députés de la gauche depuis cette époque n'a pas été approuvée a un égal degré par tous les républicains. Leur marche, pleine de subtilités parlementaires, n'a été appréciée par les masses radicales que d'après ses résultats ! Beaucoup les ont trouvés nuls ou tout au moins payés trop cher, tandis que d'autres ne leur ont pas marchandé une approbation absolue.

De là, les projets opposés de choisir les élections prochaines pour traduire ces impressions en vote de blâme ou en bill d'indemnité pour nos représentants actuels.

De là, des questions de personnes venant donner un caractère plus aigu aux dissentiments ; de là, menace de l'intervention de passions violentes dans un acte où il ne devrait être question que des principes républicains et des intérêts généraux de la démocratie.

L'on voit d'après cet exposés, rapidé l'état où en était arrivé le Comité Central et l'aggravation que des circonstances nouvelles apportaient à notre situation politique. Dès lors, même quand nous n'y aurions pas été obligés par les condamnations prononcées contre nos amis, il eut été urgent de rechercher un procédé nouveau, pur de toutes les imperfections justement reprochées à celui dont nous parlons, qui, malgré les services éclatants déjà rendus, ne jouirait plus aujourd'hui d'une influence assez grande pour dominer la situation.

Mais de quelles délicates précautions doit être entourée la formation de ce Comité qui peut par la force morale seulement imposer, pour le bien public, ses décisions à toutes les passions si furieusement déchaînées, à toutes les méfiances mises en éveil ! Avec quel soin scrupuleux ne faut-il pas éviter de donner le moindre prétexte, la moindre apparence de raison à la mauvaise foi et à la mauvaise humeur !

Le seul moyen d'atteindre ce but est, selons nous, de rétablir le grand principe républicain de l'égalité des électeurs, car il aurait dû toujours servir de règle, pour que personne, par hasard ou par adresse, ne puisse posséder une situation supérieure à celle des autres citoyens.

Et il nous faut prendre cette détermination tout de suite, pour être prêts dès la première heure de la période électorale. Car si l'on en juge par nos adversaires, la loi qui nous renferme dans des limites de fer, a, pour eux de si singulières élasticités, que l'on croit rêver lorsqu'on lit dans la *Gazette du Midi* (reproduisant avec guillemets l'*Union de Vaucluse*, qui n'a pas été démentie), qu'un Comité conservateur s'est déjà formé et fonctionne à Avignon pour les élections sénatoriales, que ce Comité à choisi ses délégués sur tous les points du département !...

L'on se demande si la période électorale serait déjà ouverte, en voyant les encouragements que le journal réactionnaire prodigue à ses amis, ou s'il y aurait quelque article additionnel et secret de la constitution du 25 février qui permette aux adversaires de la République de violer la loi avec cette sereine tranquillité.

Et l'on vroudrait, après cela, nous faire supposer qu'il est venu à l'esprit de quelqu'un d'empêcher les Républicains de se concerter entr'eux et de faire des comités pendant la période électorale ?

Oh non ! Il nous est impossible de penser que, même dans l'ordre moral, on ait pu atteindre à un pareil degré d'aberration. Surtout, nous ne ferons pas pour notre part, l'injure au gouvernement de supposer qu'il veuille interdire au corps électoral ce que lui même se croit le droit de pratiquer ; qu'il ait conçu le projet de priver son souverain de la faculté d'indiquer, lui aussi, ses préférences aux électeurs, dans la forme légale qui paraîtra la plus convenable à ses intérêts. Non, jamais on n'osera affirmer cette théorie que le choix d'un député d'une circonscription n'intéresse pas la France tout entière, que ce mandataire ne s'occupera pas, en même temps que des intérêts de ceux qui l'ont nommé, des intérêts du département et du pays tout entier, et que département et pays n'ont pas le droit de s'intéresser à sa nomination, d'intervenir, lorsqu'ils le jugent convenable, par leurs conseils et d'indiquer les hommes qu'ils croient les plus aptes à gérer les affaires de la nation !

Toutes les interprétations, tous les procédés administratifs sont possibles par le temps où nous vivons. Pourtant le bons sens a encore quelques droits. Or, si l'administration établissait cette jurisprudence que le choix d'un député pour telle circonscription ne regarde seulement et exclusivement que cette circonscription, le député ne perdrait-il pas, par cela même, le pouvoir de franchir le cercle de sa délégation et de parler à la Tribune française d'un intérêt général ?

Nous voulons bien que les Comités se forment spontanément, durant la période électorale en respectant le sectionnement des circonscriptions c'est-à-dire que les délégués cantonaux aient pour premier centre le collége dont ils font partie ; mais l'entente commune entre circonscription pour le choix des hommes résulte forcément de cette inévitable combinaison préliminaire.

La loi n'oblige pas, que nous sachions, à prendre pour député un citoyen « appartenant à la circonscription électorale elle même. » Elle ne veut donc pas que le hasard seul réunisse le groupe qui doit représenter un département. Si l'entente entre les circonscriptions était interdite, si elle ne découlait pas de la nature même du mandat, qu'est-ce qui empêcherait, par exemple, les sept circonscription d'un département de nommer sept fois le même candidat, sans le savoir.

D'ailleurs, comment empêcher matériellement cet accord étant donné la liberté de se réunir, de se concerter durant la période électorale..

Les rapports de Comité à Comité sont donc logiques et indiscutables. Les Républicains peuvent ainsi reconstituer leur liste sans altérer l'esprit de la loi et tout en se conformant au devoir qu'elle leur impose.

Les Comités ne proposeront, en effet, qu'un seul candidat à la circonscription, et ce candidat sera, assurément l'émanation consacrée de cette circonscription même. Il pourra être parfaitement discuté, surtout parfaitement connu selon le désir de M. Dufaure. Il n'y aura aucune surprise. Un membre de la liste ne bénéficiera point de la popularité de son voisin. Mais en l'espèce, le corps de la représentation républicaine du

département conservera son harmonie, son autonomie
et sa cohésion.

En vérité nous serions honteux de nous être arrêtés
si longtemps à démontrer l'évidence, si le régime au-
quel nous avons été soumis depuis 1871 ne nous avait
habitué à la triste nécessité de prouver souvent que,
deux et deux font quatre ; mais enfin, puisqu'il était
opportun de le faire, nous l'avons fait. Passons maintenant à l'exposé de notre projet.

En pratique la période électorale ouverte, aussitôt et
spontanément dans toutes les parties de l'arrondissement, les notables Républicains se concertent, orga-
nisent dans un domicile privé, des réunions d'électeurs
Républicains dont ils recueillent les noms et les adresses ;
chaque réunion nomme un nombre de délégués pro-
portionné à son importance numérique qui doivent faire
partie du Comité de circonscription ; la réunion a soin
de remettre à ces délégués les pièces constatant la ré-
gularité de la formation de la réunion qui leur a conféré
son mandat pour qu'ils puissent se faire agréer par le
Comité. Arrivés au Comité, après avoir fait vérifier leurs
pouvoirs, ils prendront part à toutes les délibérations.

Nous n'avons pas déterminé le quantième d'*électeurs*
Républicains nécessaire pour avoir droit à une délégation. Nous l'avons fait à dessein, parce qu'il peut va-
rier suivant les circonstances, par exemple selon le plus
ou moins de liberté laissée aux réunions.

D'ailleurs le procédé d'organisation que nous indi-
quons là n'est point neuf. Sous le régime d'une légis-
lation identique nous l'avons employé sous l'empire.
Même plusieurs des honorables qui ont voté le scrutin
d'arrondissement ont été élus de la sorte, malgré la
pression officielle qu'ils flétrissaient alors, n'étant pas
du côté du pouvoir. Puisqu'on est revenu à la loi de
l'empire, aux candidatures officielles et aux fonction-

naires impériaux, défendons-nous par les moyens dont nous usions à cette époque néfaste. Il ne se peut pas que les libéraux aujourd'hui au pouvoir, veuillent faire la preuve que nous sommes moins libres sous la République du 25 février que sous Napoléon III.

*
* *

On se rappelle ces campagnes électorales alors qu'il fallait avoir prêté serment et être candidat pour pénétrer dans les réunions tenues dans d'autres circonscriptions que la vôtre ! — C'était l'heure des grandes pressions et des préfets à poigne. Mais combien de jeunes gens jaloux de préparer le grand réveil républicain, combien de vétérans de la démocratie accomplissant cette formalité se rendaient d'un point sur un autre dans les arrondissements menacés, portant partout le concours de leur exemple et de leur parole et entraînant la victoire.

Telle est encore aujourd'hui la mission de la démocratie militante. Il faut préparer un réveil plus sérieux encore, conjurer le découragement, et nos meilleurs soldats doivent visiter, dans chaque département, les points faibles, secourir les circonscriptions les plus exposées.

Si une action d'ensemble sous la direction unique des Comités tous d'accord, n'est point hardiment créée, la démocratie manquant de journaux, de ressources, et de cet esprit de solidarité qui donne à tous un même courage dans la lutte, assistera à un cruel spectacle impatiemment attendu par nos ennemis. Elle sera témoin de compétitions ardentes, de rivalités déplorables entre Républicains éprouvés. Elle verra des candidats appartenant presque aux mêmes nuances, se disputer un collége, une circonscription au mépris de cette admirable discipline, de cette abnégation patriotique qui ont toujours fait l'honneur de nos batailles électorales.

Des citoyens confondront dans les réunions publiques les rancunes du passé avec les nécessités de l'avenir, les malentendus et les désaccords se prolongeront jusque devant l'urne.

*<br>* *

En résumé, nous proposons, pour la conduite de la campagne électorale prochaine, la délégation par groupes, dans le but d'assurer la représentation des centres vraiment républicains et de stimuler le zèle des autres. Nous voudrions qu'un congrès départemental pût être obtenu dans ces conditions, que les candidatures des circonscriptions fussent débattues dans les Comités et même que l'on y adoptât les système de nos vaillants voisins du Congrès du Luc, qui réunissent les candidats, les entendent tous, quelques minutes, les questionnent et votent ensuite.

De cette façon, l'unité départementale serait maintenue en même temps que la loi respectée. Les explications des candidats déconcerteraient les intrigues de la dernière heure, et contribueraient à jeter la lumière parmi les représentants du corps électoral, enfin les compétitions fratricides seraient, dans la mesure du possible, conjurées, et en tous cas, d'avance flétries.

*<br>* *

La parole est maintenant à nos amis politiques, qui voudront bien formuler, sur ce projet, leurs objections.

D'aucuns nous ont dit déjà que puisque notre but était de faire répondre le nombre des délégués aux Comités au chiffre véritable des électeurs républicains sur chaque point du département, il suffirait pour cela de relever le nombre des voix républicaines fournies aux dernières élections cantonales et d'attribuer à chaque canton plusieurs délégués au *prorata* de ce chiffre déterminé de voix.

On a ajouté que les délégués pourraient être nommés dans une réunion publique aussi nombreuse que possible, attendu que des réunions successives de cent républicains pour désigner chacune un délégué n'étaient ni faciles ni pratiques.

L'objection a sa valeur et ce procédé serait certainement un progrès sur l'ancien. Mais la nomination des délégués par une assemblée aussi nombreuse que possible a trop d'élasticité ; il faut, pour que les anciens abus ne puissent plus se reproduire que ces assemblées soient composées d'un nombre déterminé d'électeurs qui soit le même pour toutes, sans cela les inégalités les plus choquantes ne tarderaient pas à se révéler, et les comités sectionnaires pourraient encore prendre le caractère de réunions d'amis qui leur a été si amèrement reproché.

Car ce à quoi nous tenons particulièrement outre la représentation de groupes et non de localités, c'est à l'authencité du mandat. Or, en même temps que notre système produit l'agitation salutaire d'un travail électoral préalable, il crée individuellement pour chaque délégué un titre d'une authenticité incontestée.

Bref nous soumettons sans prétention aucune, à la critique de nos amis, ces premières appréciations. Nous appelons sans délai leurs observations et leurs objections. Nous n'entendons imposer notre plan à aucun groupe ni tenter son exécution sans un accord. Nous le mettons en discussion. Partisans dévoués du *Comité Central*, nous sollicitons une combinaison démocratique et radicale qui le remplace en le perfectionnant. La délibération que nous ouvrons devant notre département peut être féconde en rapides renseignements au point de vue pratique, et même juridiquement au point de vue de nos droits, car des hommes mieux éclairés que nous sur les questions de l'égalité électorale, ne manqueront sans doute pas de fournir leur opinion au sujet de ce principe de « liberté d'organisation centrale » que nous affirmons avoir conservé.

C'est un devoir immédiat pour les républicains compétents, tels qu'il s'en trouve, soit à Paris, soit dans nos grandes cités méridionales, d'apporter leurs lumières dans cette controverse si opportune. Il le feront, nous en sommes certains. Ainsi commencera l'œuvre courageuse et suprême de solidarité démocratique qui doit puiser une dernière fois dans le suffrage universel le salut de la République menacée.

*QUELQUES ELECTEURS.*

La Ciotat, Imp. J. Isnard.